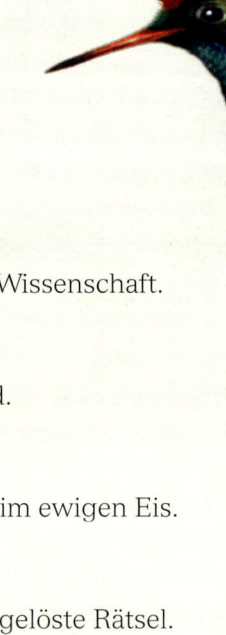

Ebenfalls in dieser Reihe erschienen:
Geheimnisvolle Welt.
Rätselhaftes aus Geschichte, Natur und Wissenschaft.
ISBN 978-3-8174-1592-2
Geheimnisvolles Meer.
Unglaublich, gefährlich, atemberaubend.
ISBN 978-3-8174-1591-5
Geheimnisvolle Welt der Tiere.
In dunklen Wäldern, tiefen Meeren und im ewigen Eis.
ISBN 978-3-8174-1732-2
Geheimnisvoller Weltraum.
Dunkle Weiten, fremde Planeten und ungelöste Rätsel.
ISBN 978-3-8174-1731-5
Geheimnisvolle Welt der Kriminalistik. Verbrecher,
Ermittler und Spurensucher.
ISBN 978-3-8174-1748-3

compact kids ist ein Imprint der Compact Verlag GmbH

© Compact Verlag GmbH
Baierbrunner Straße 27, 81379 München
Ausgabe 2017

Text: Karolin Küntzel
Illustrationen: Franco Tempesta
Redaktionsleitung: Anja Fislage
Redaktion: Anja Fislage, Sabine Tauber
Fachredaktion: Lars Wilker
Produktion: Ute Hausleiter
Abbildungen: siehe Bildnachweis S. 77
Gestaltung und Satz: Enrico Albisetti

ISBN 978-3-8174-1740-7
381741740/1

www.compactverlag.de

GEHEIMNISVOLLER

REGENWALD

WILD, EXOTISCH, UNENTDECKT

TEXT VON

Karolin Küntzel

ILLUSTRATIONEN VON

Franco Tempesta

INHALT

KOMM MIT IN DEN DSCHUNGEL!

LEBENSRAUM REGENWALD

HAUPTSACHE GRÜN

Tropische Regenwälder liegen wie ein grüner Gürtel in der Nähe des Äquators rund um die Erde. Tiefgrün, hellgrün, olivgrün, froschgrün, alle Arten von Grün, die du dir vorstellen kannst, könntest du im Dschungel entdecken. Die Blätter, Schling-pflanzen und Lianen weisen so eine satte Farbe auf, weil es im Regenwald immer regnet. Jeden Tag. So kommen pro Jahr mindestens 2000 Liter Wasser auf einem Quadratmeter zusammen. Und weil es im Regenwald mit circa 26 Grad Celsius auch noch schön warm ist, wachsen die Pflanzen prächtig.

KLEIN, ABER OHO

Tropische Regenwälder bedecken nur ungefähr sechs Prozent der Landmasse der Erde. Das erscheint dir vielleicht nicht viel, aber diese waldbedeckten Gebiete sind von unschätzbarem Wert. Mehr als die Hälfte aller Tier- und Pflanzenarten sind dort zu Hause. Kein anderer Lebensraum ist so artenreich. Auch für den Menschen ist der Dschungel enorm wichtig. Viele Völker leben in den undurchdringlichen Wäldern, etliche von ihnen hatten noch nie Kontakt zur Außenwelt. Sie ernähren sich von dem, was der Regenwald ihnen bietet: Früchte, Wurzeln, Fleisch und Fisch.

WASSERSPEICHER UND LUFTREINIGER

Regenwälder zählen zu den größten Süßwasserspeichern der Erde. Die Bäume saugen das Regenwasser mit ihren Wurzeln auf und geben es über die Blätter wieder an die Luft ab. So können Wolken entstehen, aus denen es dann wieder regnet. Und schon beginnt der Kreislauf von vorne. Tropische Regenwälder speisen einige der weltgrößten Flüsse, den Kongo und den Amazonas, mit ihrem Wasser. Regenwälder mit jungem Baumbestand speichern zudem Kohlendioxid und wirken so dem Klimawandel mit der Erderwärmung entgegen.

IM VERBORGENEN

Forscher vermuten, dass noch nicht einmal die Hälfte aller Pflanzen und Lebewesen im Regenwald entdeckt und erforscht wurden. Besonders interessiert sind die Wissenschaftler dabei an Heilpflanzen, von denen es im Regenwald sehr viele gibt. Schon heute kommen etliche Medikamente aus der „Regenwald-Apotheke" und es könnten noch viel mehr werden. Voraussetzung dafür ist jedoch, dass der Regenwald und damit die in ihm lebenden Arten erhalten bleiben.

VERSCHIEDENE REGENWÄLDER

● ANDERER KONTINENT — ANDERER REGENWALD

Mit Regenwald verbinden die meisten Menschen feuchte, schwülwarme Gebiete. Es gibt aber auch ganz andere, nicht tropische Regenwälder.
Dort ist es zwar auch warm, aber es fällt weniger Regen. Deshalb sehen diese Wälder anders aus und andere Tiere und Pflanzen sind dort heimisch.
Regenwälder liegen in Mittel- und Südamerika, Zentralafrika, Asien (Malaysia und Indonesien), aber auch in Australien, Tasmanien und Neuseeland.
Sie werden in tropische Regenwälder und Regenwälder gemäßigter Breiten unterschieden. Letztere bilden sich überwiegend in Küstennähe.

WÄLDER MIT HUSTENBONBONDUFT

Die Eukalyptuswälder Australiens sind die Heimat der Koalas. Sie verbringen den Tag schlafend in den Astgabeln der Eukalyptusbäume. Nachts futtern sie für ungefähr zwei Stunden die Blätter „ihres" Baumes, bevor sie weiterschlafen. Sie verlassen den Baum nur, wenn er ihnen nicht mehr genügend Nahrung bietet. Dann klettern sie herunter und suchen sich einen neuen. Von den immergrünen Bäumen gibt es mehr als 600 Arten. Eine davon ist der Riesen-Eukalyptus. Er kann über 90 Meter hoch werden. Eukalyptus wächst sehr schnell.

KÜSTENMAMMUTBAUM

Ebenfalls in den gemäßigten Breiten wächst der Küstenmammutbaum. An der nordkalifornischen Küste bilden die gigantischen Nadelbäume Regenwälder. Sie zählen zu den größten Bäumen der Erde, erreichen Höhen von über 110 Metern und einen Stammumfang von über sieben Metern.

TROPISCHE REGENWÄLDER

Den größten Teil aller Regenwaldgebiete nehmen tropische Regenwälder ein. In ihnen ist es immer sehr warm und feucht. Wenn du schon einmal im Tropenhaus im Botanischen Garten warst, weißt du ungefähr, wie sich die Luft im echten Regenwald anfühlt. Allerdings ist es dort viel lauter. Affen brüllen und Vögel kreischen. Sie zu entdecken ist in dem undurchdringlichen Grün jedoch schwierig. Anders als bei uns werfen die Bäume ihre Blätter nämlich nicht ab, weil die Temperatur das ganze Jahr über gleichmäßig hoch ist.

WALD UNTER WASSER

Mangrovenwälder bilden sich an tropischen Küsten und Flussmündungen. Bei Flut werden die Bäume von Meerwasser umspült, bei Ebbe ragen ihre bizarren Wurzeln, die ein regelrechtes Dickicht bilden, aus dem schlammigen Boden. Pflanzen, die in Mangrovensümpfen gedeihen, sind an das Leben im Salzwasser angepasst. Sie scheiden das Salz über die Blätter aus oder speichern es in ihnen bis zu ihrem Abwurf.

Dreierlei Regenwald

Tropische Regenwälder unterscheidet man nach ihrer Höhenlage in Mangrovenwälder, Tieflandregenwälder und Bergregenwälder, zu denen auch die Nebelwälder zählen.

 Mangroven

IM TIEFLAND

Bis in eine Höhe von 1000 Metern zieht sich der Tieflandregenwald. Er zählt zu den üppigsten und artenreichsten Regenwäldern. Besonderes Merkmal dieses Waldes ist sein stockwerkartiger Aufbau. Vom Boden bis in die Kronen der Baumriesen in bis zu 65 Meter Höhe finden verschiedenste Pflanzen- und Tierarten ihren Platz, ohne sich gegenseitig ins Gehege zu kommen. Das ist ähnlich wie in einem Hochhaus. Der eine wohnt oben, der andere unten.

IN DEN BERGEN

Ab 1000 Meter Höhe beginnt der Bergregenwald, in dem es kühler ist als im Tiefland. Die Bäume werden nicht so hoch wie im Tiefland und sie sind mit vielen Aufsitzerpflanzen bewachsen. So nennt man Gewächse wie Bromelien, die auf anderen Pflanzen wachsen, ohne diese zu schädigen. Dort gibt es außerdem eine Fülle...

→ **Bergregenwald**

 *Immer in den Wolken*

Über einer Höhe von 2000 Metern ist der Bergregenwald meistens in Wolken gehüllt. Nebelwald nennt man ihn dann. Es ist kühl und sehr feucht, da sich der Nebel an den Blättern niederschlägt und von dort ständig auf den Boden tropft.

DER REGENWALD

KLIMA: EINE FRAGE DES REGENWALDTYPS

AUF JEDEN FALL FEUCHT

In Indochina herrscht ein anderes Klima als in Australien. Und dort unterscheidet es sich wiederum von den klimatischen Bedingungen, die du in Afrika vorfindest. Kein Wunder, dass auch das Klima in den Regenwäldern dieser Erde nicht überall gleich ist. Eines ist ihnen aber immer gemeinsam: Es herrscht wegen der vielen Niederschläge, die einen Regenwald erst ausmachen, überall eine hohe Luftfeuchtigkeit.

KLIMA IM TROPISCHEN REGENWALD

Der immergrüne Wald in Äquatornähe weist einige Besonderheiten auf. Die Tageslänge ist beispielsweise immer gleich. Ungefähr zwölf Stunden scheint die Sonne, zwölf Stunden ist es dunkel. Dazwischen ist es ganz kurz dämmerig. Jahreszeiten, so wie du sie kennst, gibt es dort nicht. Die Temperaturen sind im Winter und Sommer annähernd gleich. Sie schwanken jedoch zwischen Tag und Nacht. Deshalb spricht man auch von einem Tageszeitenklima. Tagsüber ist es 25 bis 30 Grad Celsius warm, nachts kühlt es auf fünf bis zehn Grad Celsius ab. In einigen Regionen gibt es außerdem ausgeprägte Regenzeiten.

Tropengewitter

So beständig wie der Wasserkreislauf selbst ist der tägliche Regen. In einigen Regionen könntest du sogar die Uhr nach ihm stellen. Morgens steigt die Feuchtigkeit auf, am Nachmittag oder Abend fällt der Regen. Oft entladen sich in der schwülen Luft heftige Tropengewitter. Bäche schwellen dann zu reißenden Flüssen an und Bäume können wegen der plötzlichen Wasserlast brechen oder umstürzen.

MEIN KLIMA MACHE ICH SELBST!

Wenn es im tropischen Regenwald regnet, nehmen die Bäume und anderen Pflanzen das Wasser auf. Sie saugen es in ihre Wurzeln oder fangen es mit ihren Blütentrichtern auf. Moose speichern große Mengen wie ein Schwamm. Der Rest sammelt sich in Bächen und Flüssen oder versickert im Boden. Wenn die Sonne aufgeht und es wärmer wird, verdunstet das Wasser und steigt als Nebel auf. Große Wolken bilden sich über dem Wald und regnen schließlich ab. So entsteht ein immerwährender Wasserkreislauf von Verdunstung und Niederschlag, der für genau das Klima sorgt, das für die Pflanzen und Tiere im Dschungel lebenswichtig ist.

KNOCHENTROCKEN UND KLATSCHNASS

Anders als in Afrika und Nordamerika regnet es in den Regenwäldern Südostasiens nicht jeden Tag. Von Oktober bis Januar fällt kaum Regen. Dafür gibt es im Sommer, von Juli bis in den September, sintflutartige Niederschläge, die oft zu großen Überschwemmungen führen. In dieser Zeit fallen fast 80 Prozent der gesamten Regenmenge eines Jahres. Verantwortlich für diese Unterschiede ist ein Wind: der Monsun.

MONSUN

Der Monsun weht sehr gleichmäßig, wechselt jedoch zweimal im Jahr plötzlich seine Windrichtung. Er bestimmt das Wetter in der Region. Im Sommer weht er aus südwestlicher Richtung und hat feuchte Luft im Gepäck. Sie sorgt für den heftigen Regen. Im Winter bläst er dagegen aus nordöstlicher Richtung und transportiert trockene Luft. Statt in Jahreszeiten teilt man das Jahr dort in Sommer- und Wintermonsun ein.

Wind der Seefahrer

Früher nutzten die Seefahrer den beständig wehenden Monsun für ihre Handelsfahrten über den Indischen Ozean.

Monsunregenwald

MONSUNREGENWALD

Der Monsunregenwald ist an den Wechsel zwischen Regen und Trockenheit angepasst. Im Gegensatz zum tropischen Regenwald ist er nicht immergrün. Die höchsten Bäume werfen in der Trockenzeit ihre Blätter ab. Dadurch haben die Pflanzen in Bodennähe gute Entwicklungsmöglichkeiten, weil mehr Licht zum Boden fällt.

Wo liegt die gemäßigte Zone?

Auf deinem Globus findest du die gemäßigte Klimazone zwischen dem Polarkreis und dem 45. Breitengrad. Europa liegt ebenfalls in diesem Bereich.

STEIGUNGSREGEN

Die Niederschläge in Regenwäldern der gemäßigten Breiten entstehen durch Seewind, der auf die Berghänge an der Küste trifft. Er führt feuchte Luft mit sich. Da ihm die Berge wie ein Hindernis im Weg stehen, weicht er nach oben aus. Im Steigen kühlt sich die Luft immer weiter ab, bis der Wasserdampf kondensiert und schließlich als Regen zu Boden fällt. Auf der anderen Seite des Berges sinkt die Luft ab und wird dabei wieder wärmer. Regen ist hier eher selten.

Gemäßigter Regenwald

„STOCKWERKE" DES TROPISCHEN REGENWALDES

1 HERAUSRAGENDE BAUMRIESEN

Der tropische Tieflandregenwald ist in soge-nannte Stockwerke eingeteilt. Auf jeder Etage findest du andere Pflanzen- und Tierarten. Einzelne Baumriesen wachsen über alle übrigen Pflanzen hinaus. Sie werden auch Über-ständer genannt und können bis zu 65 Meter hoch werden. Aus ihrer Krone hättest du einen fantastischen Blick über den Regenwald. Die Sonneneinstrahlung ist so hoch oben sehr stark, ideal für licht- und wärmeliebende Pflanzen wie Bromelien.

2 KRONENSCHICHT

In 15 bis 50 Meter Höhe befindet sich die Kronenschicht. Die Bäume des Regenwaldes bilden ein dichtes, nahezu geschlossenes Blätterdach. Hier leben die meisten Tierarten. Vögel, Faultiere, Affen und große, farben-frohe Schmetterlinge teilen sich diese Etage. Viele Aufsitzerpflanzen wie Orchideen nutzen das Sonnenlicht in dieser Höhe und entwi-ckeln sich dort ohne Kontakt zum Boden.

3 STRAUCHSCHICHT

Dichte Sträucher bilden den Unterwuchs zu den Regenwaldbäumen, an deren Stämmen sich Lianen in die Höhe ranken. Die Strauchschicht reicht bis in eine Höhe von circa fünf Metern. Schlangen, Baumfrösche und Moskitos haben sich diesen Lebensraum erobert.

4 KRAUTSCHICHT

Auf der dünnen Humusschicht wachsen Moose, Farne und andere Bodendecker. Dieses Stockwerk nennt man wegen der Kleinwüchsigkeit seiner Pflanzen Krautschicht. In dieser Ebene ist der Regenwald sehr dunkel. Nur ein Prozent des Sonnenlichtes schafft es bis zum Bo-den. Wind gibt es ebenso wenig. Tapire, Waldelefanten und Laufvögel streifen hier entlang.

5 BODENSCHICHT

Der Boden besteht aus einer Schicht von verrottenden Blättern. Sie dienen zusam-men mit umgestürzten Bäumen vor allem Insekten wie Ameisen, aber auch Spinnen und Schmetterlingen als Lebensraum. Bakterien, Pilze und Algen sorgen für die Zersetzung der Blätter und des Holzes. So entsteht eine nährstoffreiche Schicht, die jedoch nur wenige Zentimeter stark ist. Unterhalb von ihr ist der Boden karg und wenig fruchtbar, weil die Pflanzen des Re-genwaldes sofort alle vorhandenen Nähr-stoffe aus dem Boden ziehen.

WAS IST DA OBEN LOS?

Obwohl die meisten Pflanzen und Tiere im tropischen Regenwald in den oberen Stockwerken zu Hause sind, weiß man recht wenig über das Leben in den Wipfeln. Ein Grund dafür ist die schlechte Erreichbarkeit der Kronenschicht. 50 Meter in die Höhe klettert es sich nicht so leicht, schon gar nicht, wenn man noch Ausrüstung mit sich führen muss. Oben angekommen, könnten die Wissenschaftler dann auch nur diesen einen Baum näher erforschen und müssten wieder absteigen, um einen anderen zu begutachten. Das wäre sehr mühsam.

AUF DEM DACH DES WALDES

Deshalb werden Hängebrücken, Plattformen und Seilbahnen in luftiger Höhe errichtet. So können sich die Forscher sicher in den Baumwipfeln bewegen. Haben sie ihre Studien abgeschlossen, werden die Wege oft für Touristen geöffnet. Sogenannte Treewalks oder Skywalks gibt es inzwischen in vielen Ländern.

Baumwipfelpfad

Einen kleinen Eindruck davon, wie es in den Baumwipfeln hierzulande aussieht, kannst du auf einem Baumwipfelpfad bekommen. In Deutschland gibt es bereits über 15 solcher Wipfelwege.

MÄCHTIG VIEL MOOS

In Bergregenwäldern wachsen Bäume bis zu einer Höhe von 40 Metern. Weil es dort einige Grad kühler ist als im Tiefland, bilden sie kleinere Blätter aus. Hauptmerkmal dieses Waldes sind Moose und Flechten, die alles, von Bäumen bis zum Boden, überziehen. Wie grüne, verfilzte Haare hängen sie von den Ästen. In der kühleren Bergluft verrotten abgestorbene Pflanzenteile nur langsam und bilden mit der Zeit eine dicke Torfschicht.

VOM STRAUCH BIS ZUM BAUM

Es gibt circa 70 verschiedene Arten von Mangroven. Einige werden nur anderthalb Meter groß, andere erreichen eine Höhe von 30 Metern. Jede von ihnen hat im Mangrovenregenwald ihren Platz. Die großen wachsen in den Zonen, die als erste von der Flut überspült werden und damit am längsten und höchsten unter Wasser stehen. Nur die Baumkronen schauen dann noch aus dem Wasser. Kleinere Sträucher siedeln sich im Bereich der Hochwasserlinie an, wo die Flut erst spät und nur niedrig aufläuft.

Atemwurzeln

Mangroven bilden viele Wurzeln aus. Sie dienen nicht nur zur Verankerung der Pflanze im Boden, sondern auch zum Atmen.

PFLANZENWELTEN

AUF DEM HOCHSITZ

Typisch für den Regenwald sind Aufsitzerpflanzen. Ihr griechischer Name lautet Epiphyten. Sie wachsen in Astgabeln, auf Zweigen und auf Stämmen von Bäumen. Anders als Schmarotzerpflanzen „rauben" sie ihrem Wirt aber keine Nahrung, sondern sie ernähren sich selbst. Den Baum nutzen sie lediglich dazu, mehr Sonnenlicht einzufangen. Und das gibt es zur Genüge in luftiger Höhe. Wie alle Pflanzen brauchen sie Wasser. Um Regenwasser aufzufangen, haben sie ganz unterschiedliche Strategien.

Vielfältige Orchideen

Bei uns gelten Orchideen als exotische, außergewöhnliche Blumen. In den Regenwäldern sind sie dagegen häufig. In Südamerika gibt es circa 9000 Arten, in Asien ungefähr 14.000 und selbst auf Madagaskar sind es fast 700. Weltweit geht man von 30.000 Arten aus. Als Aufsitzer bilden sie Luftwurzeln, mit denen sie sich an Ästen festhalten. Die Wurzeln dienen aber auch dazu, Feuchtigkeit und Nährstoffe aus der Luft zu ziehen. Um kurze Trockenzeiten zu überleben, speichern sie Wasser in ihren Knollen.

LEBENSRAUM PFLANZENTÜMPEL

In den amerikanischen Tropen gedeihen auf den Bäumen zahlreiche Bromelien. Diese Ananasgewächse haben harte Blätter, die wie eine Rosette angeordnet sind. Da sie im Zentrum dicht beieinanderstehen, sammelt sich dort Regenwasser. Und zwar so viel, dass sogar Frösche darin laichen. In dem Pflanzentümpel entwickeln sich dann zuerst Kaulquappen und später neue Frösche. Auch Insekten schätzen die kleinen Seen. Für die gefährliche Anopheles-Mücke, welche die Tropenkrankheit Malaria überträgt, sind die Tümpel ebenfalls ideale Brutstätten.

KLEBRIGE KANNE

In den Regenwäldern Südostasiens sind Kannenpflanzen heimisch. Sie sehen aus, als würden von ihren Stängeln lauter längliche Beutel hängen. Was so harmlos wirkt, ist in Wahrheit eine tödliche Falle. Angelockt von dem süßen Duft der Pflanze nähern sich Insekten, die dann unversehens an der glatten Innenseite in den Kelch rutschen und dort verdaut werden.

RIESENSTINKER

Blumen duften – oder etwa nicht? Die Rafflesien machen da keine Ausnahme, zumindest nicht, wenn man ein Käfer oder eine Fliege in Südostasien ist. Du würdest dagegen sagen, dass die Pflanze stinkt – und zwar gewaltig. Die Blüte verströmt einen ekelerregenden Geruch nach Aas. Und das nicht zu knapp, denn die Rafflesie bringt weltweit die größte Blüte hervor. Bis zu einem Meter Durchmesser kann sie erreichen. So eine Riesenblüte wiegt bis zu elf Kilogramm.

KLETTERN, WAS DAS ZEUG HÄLT

Anders als Aufsitzerpflanzen müssen sich Lianen ihren Platz am Licht erst erobern. Dafür klettern sie von unten, wo sie in der Erde wurzeln, immer höher ins Licht. Dabei überziehen sie die Bäume mit einem wirren Geflecht aus verholzten Pflanzenstängeln. Bis zu 300 Meter kann eine Liane lang werden.

➤ **Rafflesien**

Wurzeln wie Bretter

Einige Bäume, wie der Kapokbaum, bilden Brettwurzeln. Die flachen und sehr breiten Wurzeln können mehrere Meter hoch am Baum anliegen. Sie stützen den Baum und versorgen ihn zusätzlich mit Nährstoffen.

→ **Würgefeige**

ABGEWÜRGT

Würgefeigen machen ihrem Namen alle Ehre. Sie beginnen ganz harmlos als Aufsitzerpflanze und versorgen sich selbst über Luftwurzeln, die zum Boden wachsen. Der Baumstamm gibt ihnen dabei die Richtung und den nötigen Halt. Unten angekommen, verwurzeln sie sich im Boden. Sie verbinden sich mit anderen Luftwurzeln zu einem stabilen Netz aus verholzten Luftwurzeln, die den Baumstamm immer weiter einschnüren. Die Würgefeige wird im Lauf der Zeit immer stärker und so groß, dass sie über die Krone ihres Wirtsbaums hinauswächst. Der Baum in ihrem Inneren stirbt schließlich ab.

HOLZ UND GUMMI

Im Regenwald wachsen bis zu 300 verschiedene Baumarten auf einem Hektar Fläche. Das sind ungefähr anderthalb Fußballfelder. Tropenhölzer wie Teak, Mahagoni und Bangkirai sind ebenso darunter wie der Kanonenkugelbaum, der Affenbrot- und der Kautschukbaum, dessen Milchsaft zur Gummiherstellung verwendet wird.

Früchte im Überfluss

Viele Früchte, die du im Supermarkt kaufen kannst, gedeihen im Regenwald: Feigen, Bananen, Ananas, Papaya, Mango und Passionsfrucht. Auch die Kakaofrucht, aus der Schokolade hergestellt wird, wächst dort.

→ **Kakaofrüchte**

INSEKTEN

ZAHLENMÄSSIG ÜBERLEGEN

Keine andere Tiergruppe ist so groß wie die der Insekten. Das gilt auch für den Regenwald, in dem 80 Prozent aller Insekten der Erde zu finden sind. Würde man alle Insekten auf einem Hektar Regenwald einsammeln und wiegen, käme man auf eine Tonne Gewicht. Das schätzen jedenfalls Wissenschaftler, ausprobiert hat das jedoch noch niemand. Manche Arten besiedeln nur eine einzige Baumart. Dafür kann es dann zum Beispiel von diesen Käfern dort ganz viele geben.

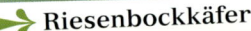 **Riesenbockkäfer**

RIESENGROSS UND BÄRENSTARK

Viele Insekten im Regenwald bewohnen die Bodenschicht. Dazu zählen Würmer und Käfer, von denen einige erstaunliche Ausmaße annehmen können. Der Riesenbockkäfer, der im Amazonas heimisch ist, kann beispielsweise bis zu 20 Zentimeter groß werden. Der nur ein paar Zentimeter kleinere Herkuleskäfer ist zudem beeindruckend stark: Mit seinen Zangen kann er bis zu zwei Kilogramm Gewicht stemmen. Dabei wiegt er selbst gerade einmal 30 Gramm. Das macht ihm so schnell keiner nach.

Herkuleskäfer

● MILLIONENFACHES KRABBELN

Ameisen bilden riesige Staaten mit zum Teil mehreren Millionen Individuen. Im Regenwald findest du viele verschiedene Ameisenarten. Auf einem einzigen Baum zählten Forscher 43 Arten. Besonders faszinierend sind Blattschneideameisen. Mit ihren scharfen Zangen schneiden sie im Handumdrehen große Stücke aus Blättern und transportieren sie in ihren unterirdischen Bau. Dort züchten sie mithilfe dieser Blätter einen Pilz, der ihnen als Nahrung dient.

● BUNTES TREIBEN

Die Kronenschicht ist der bevorzugte Aufenthaltsort der Schmetterlinge. Es gibt unzählige Arten und mit großer Wahrscheinlichkeit sind die meisten von ihnen noch nicht einmal entdeckt. In den Baumwipfeln finden sie die Blüten, deren Nektar ihnen als Nahrung dient. Viele von ihnen sind auf eine ganz bestimmte Futterpflanze angewiesen. Einige Schmetterlinge sind so winzig, dass du sie kaum entdecken wirst, andere auffällig bunt und sehr groß. Bringt es der kleinste nur auf eine Spannweite von zwei Millimetern, sind es beim größten rund 30 Zentimeter.

 Agrippina-Eule

 # RIESENFALTER

Unter den Regenwaldschmetterlingen gibt es tagaktive und nachtaktive Tiere. Der größte Tagfalter ist das Weibchen der Königin-Alexandra-Vogelflügler mit einer Spannweite von 28 Zentimetern. Die Männchen sind mit 20 Zentimeter Spannweite deutlich kleiner. Diese Schmetterlingsart findest du nur im Südosten von Papua-Neuguinea. Über sie ist kaum etwas bekannt. Der größte Nachtfalter, die südamerikanische Agrippina-Eule, ist sogar noch größer. Bis zu 32 Zentimeter Spannweite wurden schon gemessen.

IM TIEFFLUG

Wilde Bienen und Wespen bauen ihre Nester an oder in Bäumen. Einige Arten sind sehr aggressiv. Dicht über dem Waldboden jagt die Grabwespe *Chlorion lobatum* nach Grillen, die sie mit ihrem giftigen Stachel betäubt. Eine andere neu entdeckte Art saugt ihre Opfer aus. Sie bekam den Namen *Ampulex dementor*, in Anlehnung an die Dementoren in den Harry-Potter-Büchern.

 ## Blauer Morphofalter

Aufgrund seiner leuchtend blauen Flügeloberseiten wird der Blaue Morphofalter auch Himmelsfalter genannt. Dabei sind seine Flügel gar nicht blau. Winzige Schuppen darauf reflektieren das Licht und geben ihnen so die Farbe.

➤ Singzikade

DAS GERÄUSCH EINER KREISSÄGE

Singzikaden lieben die Wärme und fühlen sich deshalb auch im tropischen Regenwald wohl. Auch wenn einige von ihnen, wie die Kaiserzikade mit elf Zentimetern, sehr groß werden, wirst du sie selten zu Gesicht bekommen. Dafür sind sie nicht zu überhören, denn der Gesang der männlichen Tiere erinnert stark an das hohe Geräusch einer elektrischen Kreissäge.

ACHT BEINE UND ACHT AUGEN

Auch wenn du Spinnen vielleicht bei den Insekten einsortieren würdest: Es sind keine. Insekten haben (bis auf wenige Ausnahmen) sechs Beine, Spinnen acht. Die größte Spinne der Welt, die Riesenvogelspinne, lebt in Südamerika. Würde sie ihre Beine von sich strecken, käme sie auf einen Durchmesser von 30 Zentimetern. Nachts geht sie auf die Jagd nach Insekten. Selbst kleine Wirbeltiere kann sie mit ihrem Gift lähmen. Bei Gefahr schleudert sie dem Angreifer ihre mit Widerhaken bestückten Haare entgegen. Sie reizen die Haut und die Augen des Gegners.

Das längste Insekt

Eine Stabheuschrecke aus Borneo gilt als das längste Insekt der Welt. Sie ist 56 Zentimeter lang und sieht aus wie ein Stück Bambus.

REPTILIEN UND AMPHIBIEN

➤ **Gabunviper**

OHNE HAND UND FUSS

Schlangen leben sowohl auf dem Boden als auch in den Bäumen des Regenwaldes. Obwohl sie weder Hände noch Füße haben und nur kriechen können, sind einige von ihnen erstaunlich gute Kletterer. Baumschlangen wie die Nachtbaumnatter sind oft grün gefärbt, während Bodenschlangen wie die afrikanische Gabunviper häufig braun-grau gemustert sind und dadurch im Laub kaum auffallen. Schlangen können zwar nicht gut sehen und hören, aber ausgezeichnet riechen, und manche nehmen Temperaturunterschiede gut wahr. So erspüren sie anhand der Körpertemperatur ihre Beutetiere.

VERGIFTEN ODER ERWÜRGEN

Schlangen bewegen sich fast lautlos durch den Dschungel. Sie töten ihr Opfer entweder durch Gift oder sie erwürgen es. Giftschlangen besitzen zwei Giftzähne, die für den Biss hochgestellt werden. Aus Giftdrüsen fließt das Gift in die hohlen Zähne und von dort in das Opfer, wenn die Schlange zubeißt. Würgeschlangen wie die *Boa constrictor* ersticken ihr Opfer. Sie winden sich so fest darum, bis es keine Luft mehr bekommt und stirbt. Dann verschlingen sie es am Stück.

➤ *Boa constrictor*

Schmuckbaumnatter

Faltengecko

WIE IM FLUG

Einige Schlangen können aber nicht nur kriechen, sondern auch fliegen. Das glaubst du nicht? Tatsächlich kann sich die südostasiatische Schmuckbaumnatter durch die Luft von Baum zu Baum bewegen, indem sie ihre Rippen ausstellt und sich beim Gleiten ganz platt macht. Schlangen sind aber nicht die einzigen Flugkünstler unter den Reptilien. Auch der Faltengecko und der Flugdrachen bewegen sich auf diese Art fort. Sie spreizen Hautlappen ab und segeln auf ihnen wie mit einem Gleitschirm durch die Luft.

ÜBERS WASSER FLITZEN

Eine ganz andere Art der Fortbewegung hat der Basilisk, eine Leguan-Art, entwickelt. Droht ihm Gefahr oder verfolgt er ein Beutetier, flitzt er in erstaunlichem Tempo aufrecht über das Wasser. Das brachte ihm den Namen „Jesus-Echse" ein. Möglich wird der Gang übers Wasser durch breite Hinterfüße, die den Druck gut auf die Wasseroberfläche verteilen. Außerdem bewegt er sich sehr schnell. Basilisken erreichen dabei ein Tempo, das in etwa einer gemächlichen Fahrradfahrt von dir entspricht.

Basilisk

FLINKE ZUNGE

Sie harren bewegungslos auf Ästen aus und sind von ihnen manchmal kaum zu unterscheiden. Unabhängig voneinander bewegen sich ihre Augen hin und her. Haben sie dann ein Beutetier erspäht, schnellt ihre lange Zunge aus dem Maul und schnappt sich das Insekt. Chamäleons ändern schlagartig ihre Farbe und manchmal auch das Muster. Sie warnen damit Rivalen, locken mögliche Partner an und zeigen an, in welcher Stimmung sie sich befinden.

 Chamäleon

BAUMSTAMM IM FLUSS

Fluss- und Überschwemmungsgebiete sind die Heimat der Kaimane und Krokodile. So unbeholfen und langsam sich die Tiere an Land oft bewegen, so elegant und reaktionsschnell sind sie im Wasser. Dort treiben sie regungslos wie ein Baumstamm und lauern auf Beutetiere. Blitzschnell schießen sie dann aus dem Wasser, packen ihr Opfer, ziehen es in den Fluss und drücken es so lange unter Wasser, bis es ertrunken ist.

Krokodil-Rekord

Das Leistenkrokodil kann bis zu sechs Meter lang werden und bis zu drei Tonnen wiegen.

Krokodil

Rotaugenlaubfrosch

Baumsteigerfrösche

Um die 170 Arten Baumsteigerfrösche sind derzeit bekannt. Sie sind oft nur wenige Zentimeter groß und sehr farbenfroh.

FROSCH IM BAUM

Bei uns leben Frösche in der Regel am Boden und in der Nähe von Gewässern, denn sie beginnen ihre Entwicklung im Wasser und atmen durch Kiemen. Im Regenwald ist das nicht anders. Dort gibt es aber auch in den Kronen der Bäume genügend Wasser. Es sammelt sich in den Kuhlen zwischen Stamm und Aufsitzerpflanzen oder direkt in den Blattkelchen. So kommt es, dass du im Regenwald einem Froschkonzert aus dem Blätterdach lauschen könntest. Vor Fressfeinden geschützt wächst der Nachwuchs in den Minitümpeln heran und steigt erst als Fröschlein vom Baum auf den Boden. Einige Baumfroscharten verbringen sogar ihr ganzes Leben auf dem Baum.

FROSCH IM NEBEL

Im Nebelwald in den Anden entdeckten Forscher 2009 eine winzige bis dahin noch unbekannte Froschart. Der braun gefärbte und damit perfekt getarnte Minifrosch ist wenig mehr als einen Zentimeter groß und wurde auf den Namen *Noblella pygmaea* getauft. Verraten hat ihn sein Quaken.

Noblella pygmaea

BUNTE VOGELWELT

FARBENFROHE FLIEGER

Papageien, Kakadus, Aras, Tukans, Kolibris und Sittiche sind nur einige der vielen Vogelarten, die in den Regenwäldern der Welt heimisch sind. Viele sind leuchtend bunt. So sind der Hellrote und Dunkelrote Ara nicht nur flammend rot, sondern haben darüber hinaus kräftig blau-gelbe Flügel. Blau, Grün, Gelb und Rot sind die vorherrschenden Farben. Es gibt aber auch graue und schwarze Arten wie den Graupapagei oder den Palmkakadu.

GESELLIG UND SCHLAU

Papageien sind nicht nur schön anzusehen, sie sind auch noch schlau. Einige von ihnen können sprechen und der schlauste Vogel der Welt, ein Graupapagei mit Namen Alex, konnte sogar Farben und Formen unterscheiden. Forscher vermuten, dass Papageien ungefähr so intelligent sind wie ein vierjähriges Kind. Schnabel und Füße benutzen sie wie ein Werkzeug. Sie knacken harte Nüsse und führen ihr Futter ganz manierlich mit dem Fuß zum Schnabel. Sie leben gerne in großen Schwärmen und sind einander ein Leben lang treu.

Ara

Ara

SCHWIRREN UND NEKTAR SCHLÜRFEN

Kolibris können sehr schnell mit den Flügeln schlagen. 90-mal pro Sekunde bewegen sie die Flügel auf und ab. Das ist so schnell, dass du sie dabei gar nicht deutlich sehen kannst. Wie ein Hubschrauber stehen sie in der Luft und tauchen mit ihrem dünnen Schnabel tief in Blütenkelche ein. Dort schlürfen sie mit ihrer langen Zunge den Nektar heraus. Weil das häufige Flügelschlagen sehr anstrengend ist, sind die kleinen Vögel darauf angewiesen, tagsüber ständig Nektar zu trinken. Nur so können sie ihren enormen Energiebedarf decken. Kolibris leben ausschließlich auf dem amerikanischen Kontinent.

Kolibri

Paradiesvogel

WAS FÜR EIN SCHAUSPIEL!

Um Paradiesvögel zu beobachten, musst du den Kontinent wechseln, denn ihre Heimat ist Neuguinea. Während der Balz führen die Männchen komplizierte Tänze auf, um die Weibchen zu beeindrucken. Ihr wunderschönes Gefieder reicht dafür allein nicht aus, denn schließlich sind die Konkurrenten ebenso schön. Deshalb wird gesprungen, gehüpft, getrippelt, gepfiffen und geflötet, bis ein Weibchen überzeugt und zur Paarung bereit ist.

MÄCHTIGER SCHNABEL

In den asiatischen und afrikanischen Tropen ist der Nashornvogel zu Hause. Der Name verrät es dir schon: Fast alle Vögel dieser Art haben auf dem großen, gebogenen Schnabel einen Wulst, das Horn. Ein weiteres Erkennungsmerkmal sind ihre zehn langen Schwanzfedern. Nashornvögel nisten in Baumhöhlen. Gegen mögliche Angreifer und Eierdiebe mauert das Männchen das Weibchen kurzerhand ein. Nur eine kleine Öffnung für den Schnabel bleibt, durch die es gefüttert wird. Erst wenn der Nachwuchs fliegen kann, hackt das Männchen die Mauer auf.

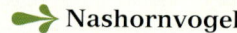 Nashornvogel

GÄRTNER DES REGENWALDES

Auch der Tukan ist leicht an seinem auffallenden großen und bunten Schnabel zu erkennen. Was schwer aussieht, ist ganz leicht, denn der Schnabel ist innen hohl. Tukane hüpfen und klettern in den Bäumen herum und fressen am liebsten Beeren und Früchte. Weil sie deren Samen unbeschadet ausscheiden, sorgen sie wie ein Gärtner für die Verbreitung der Pflanzen.

Tukan

Ohne Federn kein Flug

Nashornvogelweibchen verlieren während der Brutzeit und der Aufzucht der Jungen in der Höhle ihre Federn. Erst wenn diese nachgewachsen sind, können sie wieder fliegen.

VÄTERSACHE

Auch der Helmkasuar hat ein merkwürdiges Gebilde aus Horngewebe auf dem Kopf. Wozu soll das denn gut sein? Dieser Helm schützt seinen Kopf, wenn er mit Tempo 50 durch das Unterholz rennt. Fliegen kann er nämlich nicht, aber hoch springen und sogar schwimmen. Bei den ungewöhnlichen Vögeln ist die Aufzucht der Jungen Männersache. Sie bauen das Nest, brüten die Eier aus und versorgen ihren Nachwuchs so lange, bis die Küken nach neun Monaten endgültig das Nest verlassen. Das ist eine ganz schön lange Zeit, aber Helmkasuare können auch bis zu 19 Jahre alt werden.

Helmkasuar

HARPYIEN

Der Greifvogel mit dem schwierigen Namen ist der stärkste Vogel der Welt. Er jagt in den Baumkronen des Amazonas-Regenwaldes vor allem Säugetiere, frisst aber auch Vögel und Reptilien. Mit einer Flügelspannweite von über zwei Metern und einer Größe von mehr als einem Meter überwältigt er selbst Affen, Faultiere und Nasenbären.

Riesenvogel

Der Helmkasuar ist nach dem Strauß und dem Emu der drittgrößte Vogel der Welt. Er kann bis zu zwei Meter groß und 60 Kilogramm schwer werden.

Harpyie

SÄUGETIERE

VON AFFE BIS VAMPIRFLEDERMAUS

Viele Säugetiere leben in den Regenwäldern. Die beliebtesten Tiere sind sicherlich die Affen, mit Schimpansen, Gorillas, Gibbons, Nasenaffen und Orang-Utans. Gefährlich sind Tiger, Jaguar und Leopard. Zu den unbekannteren Tierarten zählen Okapi, auch Waldgiraffe genannt, Tapir, Gürtel- und Schuppentier wie auch der einzige Blutsauger unter den Fledermäusen und Säugetieren, die Vampirfledermaus. Während das Faultier lieber alleine hoch oben im Baum lebt, durchstreifen Waldelefanten in kleinen Gruppen den Regenwald.

DIE AFFEN RASEN DURCH DEN WALD

Kennst du das Lied von der Affenbande, die auf der Suche nach der Kokosnuss ist? Bestimmt, oder? Wie im Lied veranstalten einige Affenarten im Regenwald auch ein ziemliches Gebrüll. Einer von ihnen ist der Brüllaffe, der seinem Namen alle Ehre macht, wenn er sein Revier gegenüber anderen Affengruppen mit lautem Geheul verteidigt. Kilometerweit ist das zu hören. Zusammen mit den Brüllaffen, die zu den lautesten Tieren der Welt zählen, gibt es 50 verschiedene Affenarten in Mittel- und Südamerika.

Brüllaffen

● LEBEN IN ZEITLUPE

Faultieren wird oft nachgesagt, dass sie entsetzlich faul sind. Das kommt daher, dass sie viel schlafen und sich wenig und nur langsam bewegen. In freier Wildbahn schlummern sie fast zehn Stunden, im Zoo sogar bis zu 16 Stunden am Tag. Mit Faulheit hat das aber nichts zu tun. Ihre Langsamkeit sorgt dafür, dass sie im Wald nicht so schnell von Feinden entdeckt werden. Außerdem verbrauchen sie dadurch nicht so viel Energie. Das ist wichtig, weil sie sich von harten Blättern ernähren, die nur sehr wenig Energie liefern. So gesehen ist das Faultier ganz schön schlau.

Faultier

● DER ELEFANT IM WALD

Die in West- und Zentralafrika lebenden Waldelefanten sind etwas kleiner als ihre afrikanischen und indischen Verwandten. Bis zu 2,40 Meter hoch werden die männlichen Tiere, die Weibchen sind etwa 30 Zentimeter kleiner. Sie ernähren sich von Blättern und Früchten und sorgen unbeabsichtigt für die Verbreitung dieser Pflanzen. Über die Nahrung nehmen sie Pflanzensamen auf, die sie mit dem Kot an anderer Stelle wieder ausscheiden. Und schon kann sich dort ein neuer Baum entwickeln.

Waldelefant

MERKWÜRDIGE VERWANDTSCHAFT

Was sieht aus wie ein Schwein, ist aber mit Nashörnern und Pferden verwandt? Der Tapir. Die plump wirkenden Tiere mit den kurzen Beinen sind in den Wäldern Südamerikas und Südostasiens zu Hause. Nachts gehen sie auf Futtersuche. Früchte, Zweige und Blätter stehen auf ihrem Speiseplan. Tapire leben in Gewässernähe und sind gute Schwimmer.

➥ **Tapir**

Tannenzapfentier

Das Schuppentier sieht ein bisschen aus wie ein wandelnder Tannenzapfen. Es frisst am liebsten Ameisen und Termiten, die es mit seiner langen, klebrigen Zunge aus dem Bau holt. Schuppentiere werden trotz Verbot stark bejagt, weil ihre Schuppen als Wundermittel gelten.

EIN BÄR, DER KEINER IST

Der Ameisenbär heißt zwar so, zählt aber nicht zu den Bären, sondern bildet mit dem Zwergameisenbär und den Tamanduas eine eigene Familie. Wie das Schuppentier ernährt er sich von Ameisen und Termiten. Er hat eine sehr feine Nase, kann aber nicht kauen, weil er keine Zähne hat. Deshalb schluckt er die Krabbeltierchen sofort hinunter.

➥ **Ameisenbär**

● SCHWARZ ODER GEFLECKT?

Ein Leopard ist gefleckt, ein schwarzer Panther ist, na klar, schwarz. Trotz dieses unterschiedlichen Aussehens handelt es sich bei beiden Tieren um Leoparden. Panthera, der lateinische Name des Panthers, bedeutet übersetzt nichts anderes als Leopard. Welche Farbe die Raubkatze hat, bestimmen die Gene, die Erbanlagen. Und manchmal kommt dabei eben ein schwarzes Fell heraus. Wenn du genau hinschaust, kannst du erkennen, dass das Fell ebenfalls gefleckt ist, nur eben dunkel.

● BLUTIGE ESSGEWOHNHEITEN

Vampirfledermäuse ernähren sich ausschließlich von Blut. Ganz ähnlich wie Mücken sondern sie nach dem Ritzen der Haut eine Substanz ab, die verhindert, dass das Blut gerinnt. So haben sie genügend Zeit, um das Blut ihres Wirtstieres zu schlabbern. Da die fliegenden Säuger sehr leicht sind und die Bissstelle betäuben, merken die Ausgesaugten, Pferde, Rinder und Ziegen, manchmal gar nichts von dem Angriff.

↘ Leopard

↘ Panther

↖ Vampirfledermaus

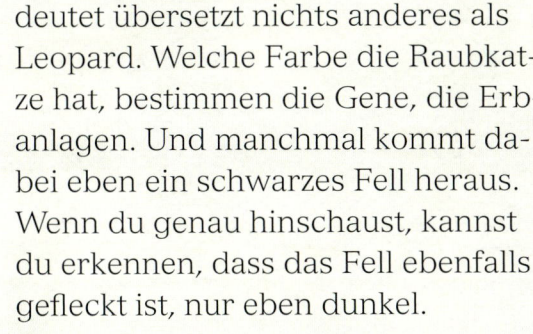

Größte Raubkatze

Tiger zählen zu den größten Raubkatzen der Welt. Die größte unter ihnen ist der Sibirische Tiger, der schon ohne den Schwanz bis zu 2,80 Meter messen kann. Der Sumatra-Tiger, die kleinste noch lebende Tiger-Unterart, wird dagegen nur halb so groß.

↘ Sumatra-Tiger

LEBEN IN DEN FLÜSSEN

● MÄCHTIGE FLÜSSE

Zwei der mächtigsten Flüsse, der südamerikanische Amazonas und der afrikanische Kongo, durchströmen Regenwaldgebiete. In den riesigen Wald-Fluss-Landschaften finden Tiere aller Art den passenden Lebensraum. Reptilien wie die Anakonda und Krokodile lauern am oder im Wasser auf Beutetiere, die zum Trinken an den Fluss kommen. In den Flüssen ziehen große Fischschwärme umher und ernähren sich von Früchten und Samen, die ins Wasser fallen. Auch Säugetiere wie der Flussdelfin und der Riesenotter können ohne den Fluss nicht überleben.

SCHLECHTE SICHT

Durch die hohe Fließgeschwindigkeit führen die Flüsse große Mengen an Sand und Schwebstoffen mit sich. Beim Tauchen würdest du also nicht allzu viel sehen. Dem Flussdelfin ist das egal, denn er orientiert sich mithilfe von Schallwellen in dem trüben Wasser. Mit der langen Schnauze durchwühlt er den Schlamm nach Fischen. Anders als Salzwasserdelfine sind Flussdelfine Einzelgänger. Die kleinste Art, der La-Plata-Delfin, erreicht eine Länge von 1,70 Metern, der Amazonas-Flussdelfin wird fast doppelt so lang.

MESSERSCHARFE ZÄHNE, GRIMMIGES GESICHT

Ihr vorgeschobener Unterkiefer mit den superscharfen Zähnen lässt den Piranha immer etwas böse aussehen. Tatsächlich fressen die platten Fische, die meistens im Schwarm auftreten, in erstaunlichem Tempo. Nicht selten kommt es dabei vor, dass sie im Eifer des Gefechts auch anderen Artgenossen die Flosse anknabbern. Wie gut, dass ihnen abgetrennte Körperteile wieder nachwachsen. Ein Gutes hat das schnelle Knabbern. Die gefräßigen Tiere beseitigen im Handumdrehen auch tote und verletzte Tiere und sorgen so dafür, dass sich keine Krankheiten und Seuchen ausbreiten können.

DER MENSCH UND DER REGENWALD

● LEBEN IM VERBORGENEN?

Vielleicht erscheint dir der Regenwald undurchdringlich und unwirtlich. Trotzdem haben seit jeher Menschen dort gelebt. Der Dschungel Mittelamerikas war zum Beispiel die Heimat der Maya, die um 600 nach Christus dort mehrere große Städte errichteten. Erst Jahrhunderte später entdeckte man die alten Tempelanlagen in dem inzwischen überwucherten Gelände. Auch in den Regenwäldern anderer Länder und Kontinente siedeln Menschen – bis heute. Vermutlich gibt es sogar noch einige Völker, die bis jetzt unentdeckt geblieben sind.

 Antiker Tempel der Maya in Guatemala

● WALDMENSCHEN

Der Regenwald bietet den Menschen dort alles, was sie zum Leben brauchen. Wasser, Früchte und essbare Wurzeln, Medizinpflanzen, Fleisch, Holz für Waffen, Boote und Häuser. Sogar auf Kaugummi bräuchtest du dort nicht zu verzichten. Ritzt man die Rinde des Sapotillbaums an, tritt ein milchiger Saft aus, der zu Kaugummi weiterverarbeitet werden kann.

● SAMMELN UND JAGEN

Wovon leben die Menschen im Regenwald? Einer Arbeit, so wie du sie kennst, gehen sie nicht nach und sie bekommen keinen monatlichen Lohn. Den brauchen sie auch gar nicht, denn Läden gibt es mitten im Wald sowieso nicht. Sie sammeln Nahrung und gehen auf die Jagd. Aus Holz, Lianen und Pflanzenfasern fertigen sie Pfeil, Bogen und Blasrohre oder Reusen und Speere, mit denen sie Fische fangen. Manche indigene Völker bauen in geringem Umfang Reis oder Getreide an und pflanzen Gemüse.

Vergiftete Pfeile

Für die Jagd versehen die Jäger die Spitzen ihrer Pfeile mit Gift. Es stammt entweder vom Pfeilgiftfrosch oder von Lianen, aus denen sie das Pflanzengift Curare gewinnen. Das Gift setzt das Beutetier außer Gefecht. Dem Menschen, der das Tier später verzehrt, schadet es in dieser Form aber nicht.

● NATUR IST ALLES

Vielen indigenen Völkern ist der Wald heilig. Was für den Wald nicht gut ist, schadet auch ihnen und bedroht ihre Lebensgrundlage. Deshalb nutzen sie ihn nur so weit, wie es für ihr eigenes Überleben notwendig ist. Nie kämen sie auf die Idee, ihn auszubeuten, um zum Beispiel Bodenschätze zu fördern.

BEDROHUNG UND SCHUTZ

● DEN WALD ABHOLZEN

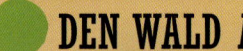

Der Regenwald ist bedroht. Pro Minute wird weltweit Regenwald in der Größe von 35 Fußballfeldern abgeholzt. Im Jahr kommt so ungefähr eine Fläche von der Größe Griechenlands zusammen. Kannst du dir das vorstellen? Zuerst werden Straßen durch den Wald gebaut, von ihnen aus fressen sich riesige Maschinen in den Wald und fällen in kürzester Zeit Bäume, die zum Teil über Jahrhunderte gewachsen sind. Sind die Bäume abtransportiert, wird das gerodete Gebiet abgebrannt. Die Asche dient als Dünger für den kargen Boden.

● TROPENHOLZ

Viele Holzarten aus den tropischen und subtropischen Wäldern eignen sich gut für den Möbelbau. Mahagoni und Teak sind hart und fein gemasert. Aus ihnen wurden früher edle Schränke und Tische hergestellt. Da diese Hölzer inzwischen selten geworden sind, ist die Abholzung in vielen Ländern verboten. Trotzdem werden die Bäume weiter gefällt.

WALD FÜR WEIDE

Der Regenwald wird aber nicht nur wegen des Holzes gerodet. Die frei werdende Fläche wird als Weide für Rinderherden genutzt oder für den Anbau von Soja- oder Ölpalmen. Großstaudämme können gebaut und Bodenschätze wie Eisenerz, Gold, aber auch Erdöl und Erdgas gefördert werden. Manchmal werden auf der abgeholzten Fläche später sogar wieder Bäume gepflanzt. Den früheren Regenwald können sie aber nicht ersetzen.

MEHR ALS EIN BAUM

Wird ein Baum im Regenwald gefällt, sterben mit ihm die Pflanzen, die auf ihm wuchsen. Auch die Tiere, die auf ihm heimisch waren, verlieren ihren Lebensraum. Der Regenwald ist zwar reich an Arten, aber von vielen gibt es nur wenige Exemplare, die in einem sehr begrenzten Gebiet leben. So kann eine ganze Art für immer ausgelöscht werden, wenn ein Baum gerodet wird. Das ist besonders tragisch, weil Forscher davon ausgehen, dass viele Arten noch gar nicht entdeckt sind. Bevor sie erforscht werden konnten, sind sie schon ausgestorben.

Berggorillas

WENIG PLATZ

Auch wenn nicht gleich eine ganze Art aus-
stirbt, ist die Situation für viele Tierarten be-
drohlich, wenn ihr Lebensraum immer kleiner wird. Tiere wie Tiger, die ursprünglich
große Gebiete durchstreifen konnten, müssen sich nun mit kleineren Revieren begnü-
gen und kommen dadurch auch häufiger in
Kontakt mit Menschen. Überfallen die Raubtiere auf der Suche nach Beute dann Dörfer,
bedeutet das nicht selten ihren Tod.

INSELN IM WALD

Auch die Berggorillas sind vom Ausster-
ben bedroht. Große Waldgebiete sind zu
kleinen Inseln zusammengeschrumpft, die
von Straßen, Dörfern und Weideflächen
geradezu umzingelt sind. Wenn die Gorillas
keine Möglichkeit mehr haben, ihre „Wald-
insel" zu verlassen, findet kein Austausch
mehr mit anderen Gorillagruppen statt und
sie können sich nicht mehr fortpflanzen.

Auf der Roten Liste

*Auf der Roten Liste der bedrohten
Tierarten stehen neben vielen anderen
Tieren auch Orang-Utan, Nördlicher
Spinnenaffe, Plumplori, der Amazo-
nas-Flussdelfin, der Borneo-Zwergelefant,
das Sumatra-Nashorn und der Goldene
Pfeilgiftfrosch.*

Sumatra-Nashorn

WILDEREI

In den geschrumpften und leichter zugänglichen Waldgebieten machen Wilderer Jagd auf seltene Tiere und verdienen daran kräftig. Das Fell von Raubkatzen, Schlangenhaut, Schimpansenfleisch wie auch Horn und Elfenbein finden trotz Verbot und hoher Strafen immer noch viele Käufer. Die Einrichtung von Schutzzonen, die Ausbildung von Rangern, die auf die Einhaltung des Tierschutzes im Reservat achten, sowie Aufzucht- und Umsiedelungsprogramme von bedrohten Tierarten sollen dabei helfen, den Regenwald und seine Tierwelt zu bewahren.

➤ **Rodung des Regenwaldes**

JEDER KANN HELFEN

Um den Regenwald zu schützen, sind viele Menschen notwendig. Auch du kannst etwas tun, indem du zum Beispiel weniger Fleisch isst. Machen viele Menschen mit, wird weniger Weidefläche benötigt. Verzichten sie außerdem auf Produkte, in denen Palmöl enthalten ist, müssen für die Ölpalmen-Plantagen weniger Bäume fallen. Tropenholz lässt sich leicht durch einheimische Hölzer ersetzen, ebenso wie „neues" Papier durch recyceltes.

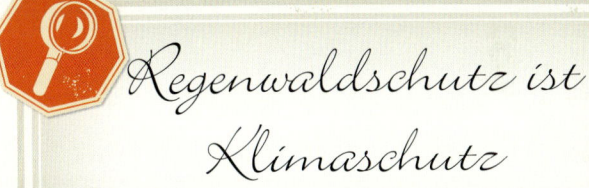

Regenwaldschutz ist Klimaschutz

Alte Regenwälder speichern große Mengen an Kohlendioxid. Werden sie abgeholzt, wird das Kohlendioxid frei und trägt zur Klimaerwärmung bei.

➤ **Ölpalmen-Plantage**

GEHEIMNISSE UND GEFAHREN IM REGENWALD

NACHTS IM DSCHUNGEL

● NACHTS, WENN ALLE SCHLAFEN

Auch in der Nacht ist im Regenwald einiges los. Tiger gehen auf die Jagd, Insekten machen Beute, Schlangen bewegen sich lautlos durchs Geäst oder über den Boden und riesige Falter saugen Nektar aus Blütenkelchen. Sie alle nutzen aus, dass um diese Zeit ein Großteil der anderen Tiere schläft und ihnen nicht das Futter streitig macht. Ein weiterer Grund ist, dass ihre Beutetiere ebenfalls nachts unterwegs sind oder sich die Kelche mancher Blüten erst in der Dunkelheit öffnen.

● IN TIEFSTER FINSTERNIS

Nachts ist es im Regenwald stockdunkel. Selbst wenn der Mond scheint, kommt kaum etwas von seinem Licht am Boden an. Du würdest die Hand nicht vor Augen sehen. So geht es auch vielen Tieren. Sie orientieren sich deshalb bis auf wenige Ausnahmen über andere Sinne. Sie riechen, tasten oder hören gut, erspüren Schwingungen oder nutzen Echos wie die Fledermäuse. Ausnahmen bilden die Loris wie der Plumplori oder Makis wie der Koboldmaki. Sie haben riesige Kulleraugen, mit denen sie gut in der Dunkelheit sehen.

MIT DER ZUNGE RIECHEN

Nachtaktive Schlangen wie Boas nehmen Gerüche über ihre Zunge auf. Sie züngeln, um Beutetiere oder Konkurrenten wie andere Schlangen zu entdecken. Die Art des Geruchs wird mit einem speziellen Organ am Gaumen entschlüsselt, dem Jacobsonschen Organ. Andere Schlangen wie der Python besitzen einen besonderen Wärmesinn, mit dem er warmblütige Beutetiere ausmachen kann. Das Wärmeorgan sitzt zwischen Augen und Mund. Ist das Beutetier dann nah genug, umschlingt er es so stark, dass es dabei erstickt. Dann würgt er es am Stück hinunter.

LICHT MACHEN

Wie findet man in dieser Dunkelheit einen passenden Partner? Die Leuchtkäfer machen einfach Licht. Das erzeugen sie mit einer Substanz, die Luziferin heißt. Bei einigen Arten leuchten die Männchen, bei anderen die Weibchen. Damit sich die Arten untereinander erkennen können, benutzt jede von ihnen eine andere Lichtabfolge. Das kannst du dir ähnlich vorstellen wie beim Morsen. Kurz-kurz-lange Lichtsignale stammen von einer anderen Art als lang-kurz-lange Signale.

ACHTUNG, GIFTIG!

● KLEIN, BUNT, TÖDLICH

Eines der giftigsten Tiere im Regenwald ist ein
Winzling. Die knallbunten Pfeilgiftfrösche, unter
ihnen der maximal sechs Zentimeter große
Schreckliche Pfeilgiftfrosch, sondern über ihre
Haut eine giftige Flüssigkeit ab. Bei einigen der
170 Arten ist das Gift auch für Menschen tödlich.
Den kleinen Fröschen sichert es ihr Überleben, denn
sie schmecken dadurch anderen Tieren nicht. Mit ihren
leuchtenden Farben machen sie darauf aufmerksam,
dass sie gefährlich sind. Denn was nützt dem Frosch
das stärkste Gift, wenn er bereits verspeist ist.

➤ **Pfeilgiftfrosch**

● VIELE BEINE ODER KEINE

Auffallend orange-schwarz gestreift oder gelb-gelbbraun kommt der Brasilianische
Riesenläufer daher. Das nachtaktive Tier gehört zu den Hundertfüßern und besitzt
neben den 21 Beinpaaren eines, das zu Giftklauen umgewandelt ist. Bis zu 21 Zentimeter wird er groß. Da wundert es dich sicher nicht, dass der Riesenläufer selbst
Eidechsen überwältigen kann. Ganz ohne Beine kommen Schlangen aus, aber nicht
immer ohne Gift. Kobra, Lanzenotter und Gabunviper nutzen ihre Giftzähne, um
Beute zu machen.

➤ **Brasilianischer Riesenläufer**

HÜBSCH GIFTIG

Im Regenwald nutzen nicht nur Tiere Gift.
Auch einige Pflanzenarten sind giftig. In
den Blättern der Passionsblume befinden
sich beispielsweise Substanzen, die sich zu
Blausäure verbinden können. Bis auf einige
Schmetterlings- und Käferarten, denen das
Gift nichts ausmacht, meiden andere Tiere
die Blätter. Ein Falter, der Kleine Kurier, nutzt
die giftigen Blätter, um seinen Nachwuchs
zu schützen. Er legt seine Eier auf den Blättern ab. Die Raupen, die aus ihnen entstehen,
fressen die Blätter und nehmen dabei das
Gift auf. Dadurch kommen sie für andere
Räuber als Futter nicht mehr infrage.

BRECHNUSS UND WUNDERBAUM

Die Brechnuss ist ein Laubbaum, der bis zu
25 Meter hoch werden kann. Der Name hört
sich schon gefährlich an und tatsächlich sind
Rinde, Blätter und Samen der Pflanze hochgiftig. Sie enthalten Strychnin, das zu Krämp-
fen und Lähmungen bis hin zum Tod führen
kann. Den Nashornvogel kümmert das nicht,
denn er kann die Samen verputzen, ohne
Schaden zu nehmen. Giftig ist auch der Wunderbaum, der in den Tropen eine Höhe von
13 Metern erreichen kann. Aus seinen Samen
wird das ungiftige Rizinusöl gepresst. Die
Schalen der Samen sind jedoch hochgiftig.
Sie enthalten das Gift Rizin.

Passionsblume

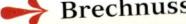
Brechnuss

Wunderbaum

TARNEN UND TRICKSEN

➡ Der Plattschwanzgecko lässt sich kaum vom Ast unterscheiden.

⬤ VERSTECKEN OHNE VERSTECK

Wo so viele Tier- und Pflanzenarten auf engstem Raum leben, ist die Konkurrenz untereinander groß. Jäger wie Gejagte brauchen einen guten Plan, um Beute zu machen oder nicht zur Beute zu werden. Verstecken wäre eine Möglichkeit, Tarnung ist eine andere. Der Plattschwanzgecko macht sich den Tag über unsichtbar, indem er sich ganz dicht an einen Baum schmiegt. Die Übergänge von seinem Körper zur Baumrinde „verwischt" er mit seinen Hautlappen, mit denen er sich regelrecht an den Baum saugt. Solange er sich nicht bewegt, ist seine Tarnung perfekt.

⬤ EIGENTLICH BIN ICH EIN BLATT

Das Wandelnde Blatt oder die Gespenstschrecke sind als Pflanzen verkleidet. Das Wandelnde Blatt, ein Insekt, hat einen blattförmigen Körper, auf dem sogar Blattadern abgebildet sind. Es bewegt sich auch wie ein Blatt im Wind und schaukelt hin und her. Die Gespenstschrecke ist sehr dünn und lang. Sie sieht aus wie ein dürres Stöckchen. Das will bestimmt keiner fressen. Und wenn doch, lässt sie sich fallen und stellt sich tot. Ganz schön raffiniert! Orchideenmantis sind von Orchideen kaum zu unterscheiden. Die Fangschrecke lauert auf deren Blüten anderen Insekten auf.

 Wandelndes Blatt

 **Tiger**

STREIFEN UND TUPFEN

Nicht nur die kleinen Tiere tarnen und verstecken sich. Auch die großen Säugetiere versuchen möglichst unentdeckt zu bleiben. Die Streifen des Tigers lassen seinen Umriss im Regenwald verschwimmen. Zwischen den Bäumen im Schatten ist er dadurch gut getarnt. Beim Leoparden oder dem Ozelot erfüllen die Tupfen die gleiche Funktion. Im wechselnden Licht des Regenwaldes unterscheiden sie sich nicht sehr von den Lichtkringeln auf dem Urwaldboden. Einzigartig ist die Tarnung des Faultiers. In seinem Fell wachsen Algen, die es grünlich färben. Im Geäst ist es zwischen den Blättern deshalb kaum zu entdecken.

GEFÄHRLICH GROSSE AUGEN

Neben der Tarnung arbeiten einige Tiere mit Tricks, um Angreifer abzuschrecken. Sie sind extrem bunt und setzen ihre Farbe als Warnsignal ein. Andere, wie verschiedene Schmetterlingsarten, besitzen auf der Innenseite ihrer Flügel große Augenflecken. Nähert sich ein Feind, klappen sie die Flügel auf und „glotzen" den Angreifer aus großen Augen an. Der hat nun ein größeres Tier vor sich als erwartet und ergreift die Flucht.

GEFÄHRLICHE JÄGER UND GEFRÄSSIGE PFLANZEN

MIT KURZEM SPRINT UND PRANKENHIEB

Der Jaguar ist zwar nicht das größte Raubtier, kann aber so fest zubeißen wie kein anderes. Mit seinem starken Gebiss ist er sogar in der Lage, die Schädelknochen großer Beutetiere zu knacken und sie so zu töten. Die Raubkatze geht alleine auf die Jagd nach Hirschen, Tapiren, Gürteltieren und Affen. Da sie nicht lange rennen kann, pirscht sie sich lautlos an, legt vielleicht noch einen kurzen Spurt ein und setzt die Beute dann mit einem mächtigen Prankenschlag außer Gefecht.

BAUMTIGER

Auch der Nebelparder ist alleine auf Jagd. Nachts klettert und springt er von Baum zu Baum. Dort jagt er Gibbons, Nasenaffen und Orang-Utans. Weil er sich so geschickt in den Bäumen bewegt und sogar kopfunter von ihnen absteigen kann, wird er auch Baumtiger genannt. Über die scheue Großkatze wissen Forscher bisher sehr wenig. Das liegt auch daran, dass man sie kaum zu Gesicht bekommt. Lebt der Nebelparder die meiste Zeit auf dem Baum? Wie zieht er seine Jungen auf? Eine Antwort darauf kann dir noch niemand geben.

● FALLENSTELLER, GIFTSPRITZER, WÜRGER

Natürlich sind nicht nur die großen Raubtiere gefürchtete Jäger. Auch Reptilien wie Krokodil, Kaiman und Schlangen lauern im Wasser und an Land auf Beute. Sie töten sie entweder mit Kraft oder mit Gift. Das setzen auch Spinnen wie die Vogelspinne und die Armadeira-Spinne, auch Bananenspinne genannt, erfolgreich gegen ihre Beute ein. Trichternetzspinnen legen sogar Fallgruben an, aus denen ihre Opfer nicht mehr entkommen können. Bussarde, Adler und die mächtige Harpyie schlagen hoch über dem Erdboden zu.

MEDIZIN AUS DEM REGENWALD

🔴 PFLANZENMEDIZIN

Pflanzen sind sehr wichtig für die Herstellung von Medizin, denn nicht alle Arzneistoffe lassen sich künstlich fabrizieren. Etwa die Hälfte der Medikamente, die bei uns auf dem Markt sind, basieren auf Wirkstoffen aus Regenwaldpflanzen. Einige Krankheiten können nur dank ihnen bekämpft oder sogar geheilt werden. Sie helfen gegen Husten und Fieber oder bei der Bekämpfung von Krebs und Malaria.

🔴 EINE APOTHEKE IM REGENWALD

Eine Apotheke, wie du sie kennst, wirst du im Regenwald nicht finden. Der Regenwald selbst ist die Apotheke. Unglaublich viele, zum großen Teil noch unbekannte Heilpflanzen wachsen dort. Welche es sind und wie sie eingesetzt werden, wissen die Volksstämme, die dort leben, sehr gut. Das Wissen der Heiler wird von Generation zu Generation weitergegeben und ist auch für uns von unschätzbarem Wert. Etliche Pflanzen sind giftig. Welche Blätter und Wurzeln man essen darf, lernen dort schon die kleinen Kinder. Selbst Tiere wie die Bonobos kennen die heilende Wirkung einiger Pflanzen und fressen sie, wenn es ihnen nicht gut geht.

● LEBEN ODER TOD

Auch Giftpflanzen können heilen. Entscheidend ist die Dosis, also die Menge oder Konzentration des pflanzlichen Mittels. So kann das Pfeilgift Curare in geringer Gabe die Muskeln entspannen und wird heute bei Operationen eingesetzt. Auch zur Behandlung von Tetanus ist es im Einsatz. Aus den hochgiftigen Samen der Kalabarbohne werden Medikamente hergestellt, die zum Beispiel gegen Bluthochdruck helfen.

● BÄUME GEGEN FIEBER

Der Fieberrindenbaum, auch Chinarindenbaum genannt, besitzt einen wertvollen Wirkstoff in seiner Rinde. Er heißt Chinin und wird gegen Malaria eingesetzt. Die Rinde des Lapacho-Baums stärkt dagegen das Immunsystem und senkt den Blutzuckerspiegel. Kurkuma ist gut bei Leberleiden, Entzündungen und Bronchitis. Madagaskar-Immergrün erhöht die Heilungschancen von Krebspatienten und Schlangenwurz kommt gegen Cholera zur Anwendung. Bekannter kommen dir sicherlich Ingwerwurzel und Papaya vor. Die Wurzel hilft gegen Seekrankheit, Entzündungen und Muskelschmerzen, die Frucht gegen Verstopfung und Husten.

ERFORSCHE DEN REGENWALD!

EXPEDITION IN DEN REGENWALD

FRÜHE FORSCHER

Nach der Entdeckung Amerikas im Jahr 1492 nahm die Zahl der Seereisen zu. Briten, Portugiesen, Spanier und Niederländer segelten auf der Suche nach Gewürzen und Gold über die Weltmeere. Sie eroberten Länder, unterwarfen die dort lebenden Völker und raubten deren Schätze. Erst im 19. Jahrhundert erwachte das Interesse an der Natur und Forscher unternahmen beschwerliche Reisen in den Regenwald oder über die Flüsse Amazonas und Kongo.

INSEKTEN ERFORSCHEN

Henry Bates (1825–1892) sammelte im Laufe von zehn Jahren rund 14.000 Insekten am Amazonas, 8000 davon waren nie zuvor gesehen worden. Vor ihm hatte bereits Maria Sibylla Merian (1647–1717) viele Jahre im Regenwald Südamerikas Insekten erforscht und wunderbare Bilder von ihnen angefertigt.

BESTENS GERÜSTET

Eine Expedition sollte gut geplant sein. Das wussten auch schon die Forscher vor deiner Zeit. Wenn du heute eine Expedition in den Regenwald unternimmst, brauchst du ebenfalls ein paar wichtige Dinge. Dazu zählen vor allem leichte und schnell trocknende Kleidung, feste Wanderschuhe, denen Regen nichts ausmacht, ein Regenschutz, Sonnenhut, Sonnencreme und ein paar Treckingstöcke. Ebenfalls sehr wichtig sind eine Karte, ein Kompass oder GPS-Gerät, eine Trillerpfeife, um dich bemerkbar zu machen, wenn du dich verirrt hast, und ein Taschenmesser.

DRAUSSEN SCHLAFEN

Willst du im Regenwald übernachten, sind eine Hängematte und ein Moskitonetz wichtig. Gute Dienste wird dir auch eine LED-Stirnlampe oder eine Taschenlampe leisten, denn nach Sonnenuntergang ist es dort zappenduster. So kannst du abends auch noch Einträge in dein Expeditionstagebuch machen, bevor es Zeit zum Schlafen ist.

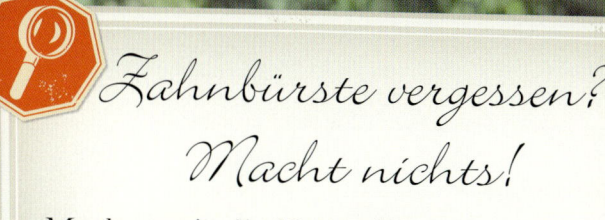

Zahnbürste vergessen?
Macht nichts!

Mach es wie die Naturvölker im Regenwald und benutze das ausgefranste Stück eines Stöckchens als Zahnbürste.

SURVIVAL-TIPPS

● VERLOREN IM WALD

Wenn das Undenkbare geschieht, du dich im Regenwald verirrst und deine Gruppe nicht mehr findest, hilft zuerst nur eins: Einen kühlen Kopf bewahren. Panisches Herumlaufen macht die Sache in der Regel nicht besser, sondern verschlimmert die Situation. Hast du eine Trillerpfeife dabei, kannst du versuchen, dich bemerkbar zu machen. Sie ist viel weiter zu hören als deine Stimme, wenn du laut rufst.

Denk nach!

Was ist wichtig? Du musst herausfinden, wo du bist und wie du aus dem Wald kommst. Außerdem brauchst du Wasser und einen sicheren Schlafplatz. Alles andere kann warten.

● IMMER DER NASE NACH UND STETS BERGAB

Im dichten Wald kannst du schnell die Orientierung verlieren und im Kreis laufen. Such dir deshalb in einiger Entfernung einen markanten Baum und geh darauf zu. Bevor du ihn erreichst, suchst du dir in Marschrichtung den nächsten Punkt, auf den du zuhältst. So gehst du immer weiter geradeaus. Führt der Weg bergab? Umso besser. Denn dann triffst du irgendwann auf einen Bach oder Fluss. Ihm folgst du in Fließrichtung bis in die nächste Siedlung.

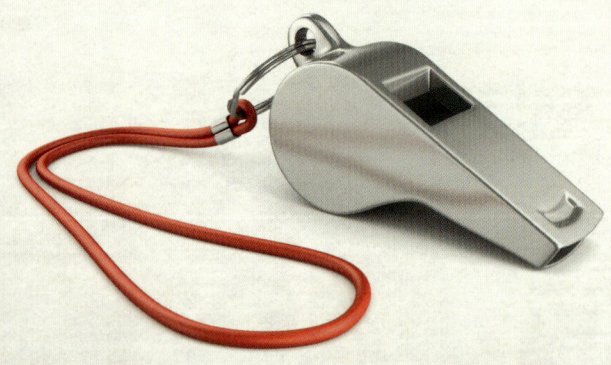

● TRINKEN? KEIN PROBLEM!

Wasser gibt es im Regenwald reichlich. Wichtig ist, dass du sauberes Wasser findest. Trink deshalb nicht aus Flüssen, wenn du keine Tabletten dabei hast, um es keimfrei zu machen. Unbedenklich ist frisches Regenwasser, das sich in Blattkelchen sammelt. Bleibt der Regen aus, kannst du neben einem Fluss graben, bis sich in dem Loch Wasser sammelt. Es ist durch Sand und Gesteinsschichten ein wenig gefiltert und deshalb sauberer als das Flusswasser.

Wenn der Magen knurrt

Lass ihn knurren. Es sei denn, du weißt genau, welche Pflanzen, Früchte, Samen und Wurzeln essbar sind. Weißt du es nicht, verzichtest du besser. Verhungern wirst du deshalb nicht gleich, denn ein Mensch kann bis zu vier Wochen ohne Nahrung auskommen.

● DAS NACHTLAGER BAUEN

Schlaf im Regenwald niemals auf dem Boden. Dort wuseln nach Einbruch der Dunkelheit Schlangen, Skorpione, Spinnen und Insekten aller Art herum. Baue dir aus Lianen eine Art Hängematte oder aus Hölzern eine provisorische Liege, auf der du die Nacht verbringen kannst. Richte dein Lager nicht direkt am Fluss ein, sonst interessieren sich womöglich Krokodile für dich.

REGENWALD IM GLAS

Erinnerst du dich, wie der Wasserkreislauf im Regenwald funktioniert? Wasser verdunstet in der Wärme des Tages und schlägt sich in Form von Regen, Nebel oder Tau nieder, wenn es gegen Abend kühler wird. Wasser geht nicht verloren, es ändert nur seinen Zustand. Wie das genau funktioniert, kannst du beobachten, wenn du dir deinen eigenen kleinen Regenwald baust.

● DAZU BRAUCHST DU:

▶ ein großes Glas mit breiter Öffnung und luftdichtem Deckel, zum Beispiel ein Gurkenglas
▶ einen Löffel
▶ kleine Steine
▶ Holzkohlestückchen
▶ Sand
▶ Gartenerde
▶ anspruchslose Pflanzen wie Moos oder Grünlilie

Das Experiment dokumentieren

Jeder Forscher, der etwas auf sich hält, dokumentiert sein Experiment ganz genau. Das heißt, er schreibt auf, was er tut und was er dann die nächsten Tage beobachtet. Vielleicht hast du Lust, auch ein Forscherbuch anzulegen und zu notieren, was dir auffällt.

● SO GEHT'S:

1. Wasch das Glas gründlich aus und trockne es ab.
2. Füll mit einem Löffel zuerst die kleinen Steine ein. Dann folgen in Schichten die Holzkohle, der Sand und zum Schluss etwa fünf Zentimeter Gartenerde. Die Reihenfolge ist wichtig. Die Kiesel verhindern, dass sich das Wasser um die Pflanzenwurzel herum staut. Die Holzkohle sorgt dafür, dass Schimmelpilze keine Chance haben. Auch der Sand verhindert Staunässe. Die Blumenerde versorgt die eingesetzten Pflanzen mit Nährstoffen.
3. Grab mit dem Löffelstiel kleine Vertiefungen, in die du die Pflanzen einsetzt. Bedeck die Wurzeln mit Erde und drück sie fest an.
4. Gieß die Pflanzen vorsichtig. Für ein großes Glas ist ungefähr eine kleine Tasse Wasser nötig. Verschließ das Glas mit dem Deckel luftdicht und stell es an einen sonnigen Platz.
5. Beobachte die nächsten Tage, was passiert. Wann beschlägt das Glas zum ersten Mal? Wann rinnen die ersten Tropfen innen am Glas herab?

Pflanzen atmen

Pflanzen dünsten Wasser aus. Das kannst du sehen, wenn du einen Pflanzenzweig in eine durchsichtige Plastikhülle steckst und diese fest verschließt. Nach einiger Zeit beschlägt die Tüte von innen.

RETTE DEN REGENWALD!

● WISSEN SCHÜTZT

Die meisten Menschen sind eher bereit, das zu schützen, was sie kennen. Deshalb ist Wissen ein mächtiger Schutz für den Regenwald. Wer einmal in die Augen eines Berggorillas geschaut oder die Farbenpracht der großen Schmetterlinge bewundert hat, ist eher bereit, Gewohnheiten zu ändern, die dem Regenwald schaden. Erzähl deshalb anderen Menschen, was du über den Regenwald weißt. Warum ist er so wichtig, welche Gründe sprechen für seinen Schutz?

● BÄUME STATT PAPIER

Auch kleine Änderungen können eine große Wirkung entfalten. Bäume im Regenwald werden unter anderem abgeholzt, um Papier aus ihnen herzustellen. Für ein Kilogramm Papier ist das doppelte Gewicht an Eukalyptusholz notwendig. Pro Jahr verbraucht eine Person ungefähr 250 Kilogramm Papier. Würde eine ganze Schule mit 350 Schülern nur noch Recycling-Papier benutzen, könnten dafür 35 Eukalyptusbäume stehen bleiben.

Projekt Regenwald

Vielleicht kannst du deinen Lehrer bitten, eine Projektwoche zum Thema Regenwald zu machen. Die Ergebnisse könntet ihr in einer Ausstellung präsentieren.

HEIMISCHE HÖLZER VERWENDEN

Terrassenmöbel und Fußböden müssen nicht aus Tropenholz sein. Es gibt genügend einheimische Hölzer, die genauso haltbar sind oder es mit ein wenig Pflege werden können. Robinie und Eiche zählen dazu, etwas pflegeintensiver sind Douglasie und Lärche. Wenn ihr die Gartenmöbel bei Dauerregen und im Winter ins Trockene räumt, müssen sie auch nicht allzu häufig geschliffen und neu geölt oder lackiert werden.

PALMÖL MEIDEN

Große Regenwaldgebiete werden abgeholzt, um Platz für Ölpalmen-Plantagen zu schaffen. Der Lebensraum der Tiere und Pflanzen, die dort heimisch waren, geht damit verloren. Wäre die Nachfrage nach Palmöl geringer, müsste weniger Wald für Palmen weichen. Es kann sein, dass du noch nie von Palmöl gehört hast, dabei ist es in vielen Produkten enthalten. Du findest es zum Beispiel in Fertiggerichten, Kosmetika, Shampoos, Waschmitteln, Süßigkeiten und Margarine. Benutze nach Möglichkeit Produkte ohne Palmöl.

Die Liste studieren

Palmöl muss seit 2014 in der Zutatenliste von Produkten aufgeführt werden. Du erkennst es an den Bezeichnungen Palmöl, Palmfett, Palmkernöl, Palmate oder Palm.

➥ Ölpalmen-Plantage

REGISTER

BILDNACHWEIS

dpa Picture Alliance, Frankfurt: picture alliance / blickwinkel S. 15 M.

fotolia.com: salparadis 10 M.; puifaiminiiz 20 o.; nidafoto 25 o.; slavlee 25 u.; Michael Eichhammer 29 u.; eltfoto 31 M.; HansPeterK 33 o.; dieter76 41 o.; Frank 44 u.; Fotos 593 48 o.; Matyas Rehak 48 u.; aussieanouk 52 o.; guentermanaus 53 o.; ThKatz 53 u.; 3005mario 59 u.; quickshooting 70 o.; alexyndr 70 u.; Paul_K 71 o.; biker3 71 u., 74 r.; Leonardo Franko 75 o.

mauritius images: mauritius images / imageBROKER / Norbert Probst 29 o.; mauritius images / ANP Photo / Tim Faasen 32 o.; mauritius images / imageBROKER / Dr. Alexandra Laube 60 o.

shutterstock.com: Gustavo Frazao 11 u.; Damsea 14 u.; Santanu Banik 21 o.; shaifulzamri 49; Joseph M. Arseneau 61 u.; Raisman 75 u.

Sonstige: Urheber: Ot, Lizenz: cc-by-sa 24 u.; Urheber: SofianRafflesia, Lizenz: cc-by-sa 28 o.; Urheber: Marco Schmidt, Lizenz: cc-by-sa 28 u.; Urheber: Alessandro Catenazzi, Lizenz: cc-by-sa 37 u.; Urheber: Mdf, Lizenz: cc-by-sa 41 u.